hängen geblieben

AF222364

hängen geblieben

ge-Dichte von Esther Frey
Zeichnungen von Elisabeth
Schmid-Nguyen

Bibliografische Information der Deutschen Nationalbibliothek
Die Deutsche Nationalbibliothek verzeichnet diese Publikation
in der Deutschen Nationalbibliografie; detaillierte bibliografische
Daten sind im Internet über http://dnb.d-nb.de abrufbar.

© 2006 Text Esther Frey; Zeichnungen Elisabeth Schmid-Nguyen
Satz, Umschlagdesign, Herstellung und Verlag:
Books on Demand GmbH, Norderstedt
ISBN 10: 3-8334-6201-9
ISBN 13: 978-3-8334-6201-6

als drehte

als drehte
ich mich
um mich selbst
begegne ich
mir immer
wieder
obwohl
die erde
mich mitnimmt

Apéro

Stehend
reiht sich
Wort an Wort
leidend
hoffen
Tiefe suchende
Gedankenblitze
auf einen
erlösenden
Donnerschlag

Auf dem Friedhof

Buchstabe um
Buchstabe
in den Stein
gemeisselt
Blumen blühen
die Geschichten
himmelwärts
Ruhe und Friede
erst jetzt
Liebe
vielleicht auch

Älter werden

Nicht mehr
alles
erinnern müssen
los lassen
und
nach dem
Schatz
im 13.
Zimmer
suchen

Baustelle des Lebens

Baustelle des Lebens
aufgerissene Gräben
gefährliche Abgründe
und auf der
anderen Seite
ganz still und leise
die Stimme
komm ich warte
auf dich
nur auf dich

Bei dir

Im Gegenwärtigen
ebenso fremd
wie im
Vergangenen
im Körper
ebenso fremd
wie ausserhalb
such ich
die Heimat
bei dir

Beten

Im Kreuzgang stehen
und mein Gebet
in die vier
Himmelsrichtungen
schicken
damit die erde
umarmen
und hoffen

Beziehungen

Das Gegenüber
in das Gewand
der Vollkommenheit denken
und an den
Fallmaschen verzweifeln

Braunwald

Die Sonne
zieht die Berge
himmelwärts
die Gedanken
ruhen sich auf
den Sonnenstrahlen
aus und
wärmen sich
Möglichkeiten

Brumbach

Er rauscht
betongeklotzte
Gedanken
zu Tale
und lässt sie
an den Felsen
zertrümmern

das goldene tor

das goldene tor
verschliesst sich
langsam
durch das
eine wort
gibt das andere
der dazwischen
gestellte schuh
gefüllt mit
dem war
und dem willen
zum werden
verhindert
vielleicht
das drehen
des grossen
schlüssels

das wahre

durch
den
schleier
der
vorstellungen
spiegeln
sich
augen
blicke
des
seins
am
schein
und
der
himmel
hofft
auf
werden

Der Berg

Auf dem Fels
der zum Himmel
gewachsenen
Erde antwortet
das Gedächtnis
von innen
und die Sterne
von oben
auf die
nicht gestellten
Fragen

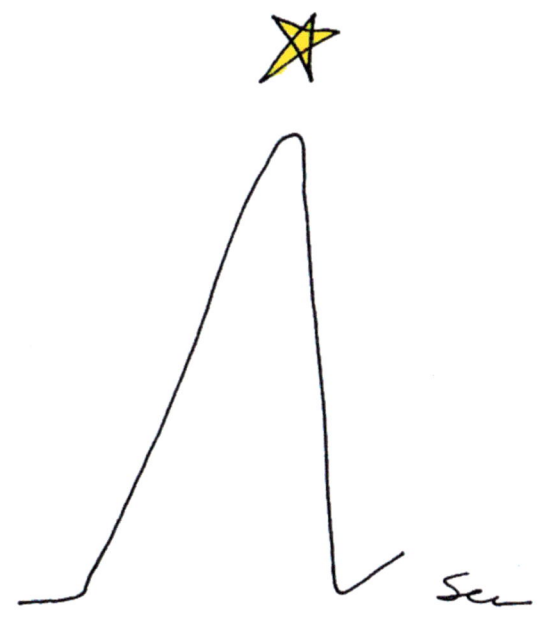

Der Rest

Der Rest
wird
zusammengeredet
und
die
letzten Worte
werden auf den
Haufen gelegt

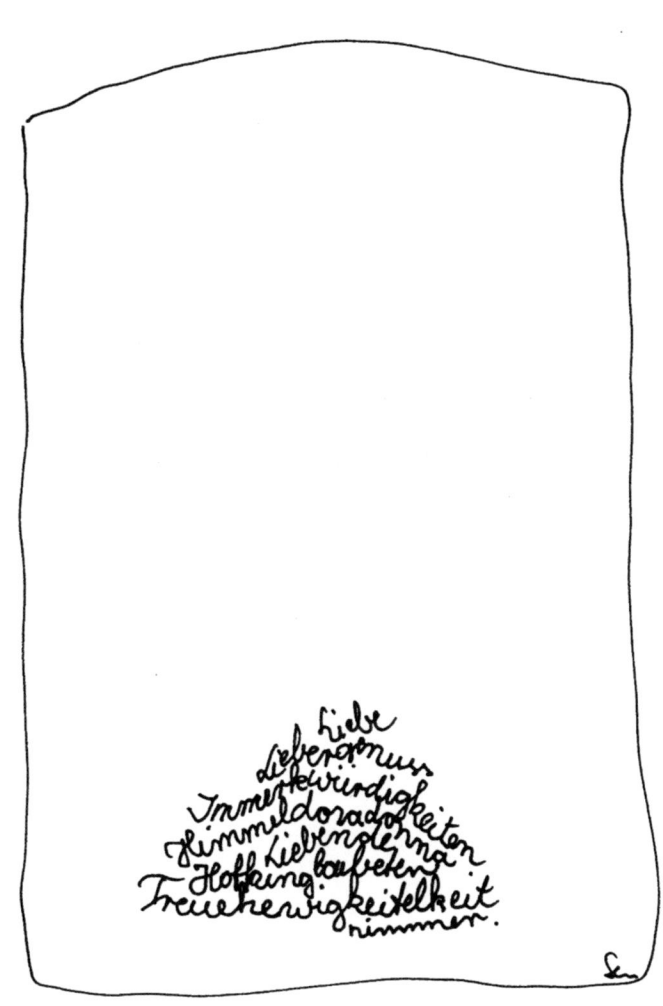

Die Stille

tönt
über die
Grenze
wo andere
Ohren
Worte zu neuen
Sätzen
hören

Der rote Faden

Und da
wurde ich
vom Leben
unverhofft
aufgefordert
das Fadenscheinige
zu lassen
und den
roten Faden
zu verweben

Der weisse Vogel l

Die Erde
wird aus
der Achse
gehoben
der Mensch
aus dem Lot
kein Stein
ist mehr
auf dem
andern
nur der
weisse
Vogel fliegt
unbeirrt
hoch über
der Zeit
auf der
Suche
nach dem
Edelstein
dem Schlüssel
der Zeit
zur Zeit

Der weisse Vogel ll

Vom weissen
Vogel sanft
durch die
Himmel getragen
geniesse ich
die Leichtigkeit
und die
Gedankenkeimlinge
entlang der
Milchstrasse
öffnen sich
langsam

die kleine sünderin

himmel
und
erd
wärts
wachsende
baum
krone
nimmt
die
kleine
sünderin
auf
und
ab
tanzend
wirft
sie
die
welken
blätter
ab

Die roten Schuhe

Als mich die
roten Schuhe
zum ersten Mal
getragen
haben
sich die Sohlen
von der Erde
gelöst
stand ich
auf dem Weg

Die Wunschkuh

Auf der Unterstaffel
angekommen
suchen sie verzweifelt
den Weg.
Da spiegelt sich
in den Augen
der grossen bunten
Kuh
das Ganze
und weist ihnen
den Weg
hinter die Augen
der Kuh
dorthin wo
Wunsch
Weg wird

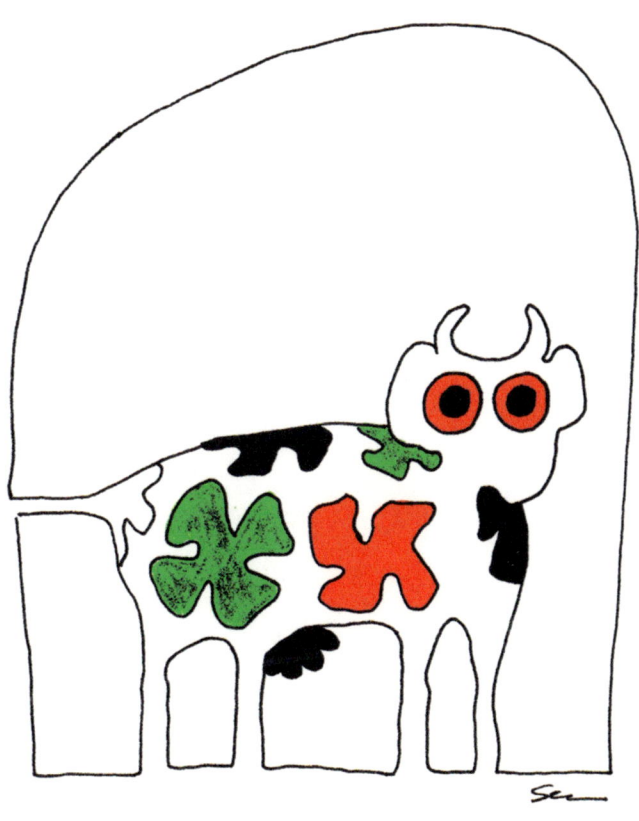

31

durchgeknallte zeit

durchgeknallte
zeit
lässt
nicht
das
leben
nicht
den
tod
zu
und
hat
das
wort
verloren

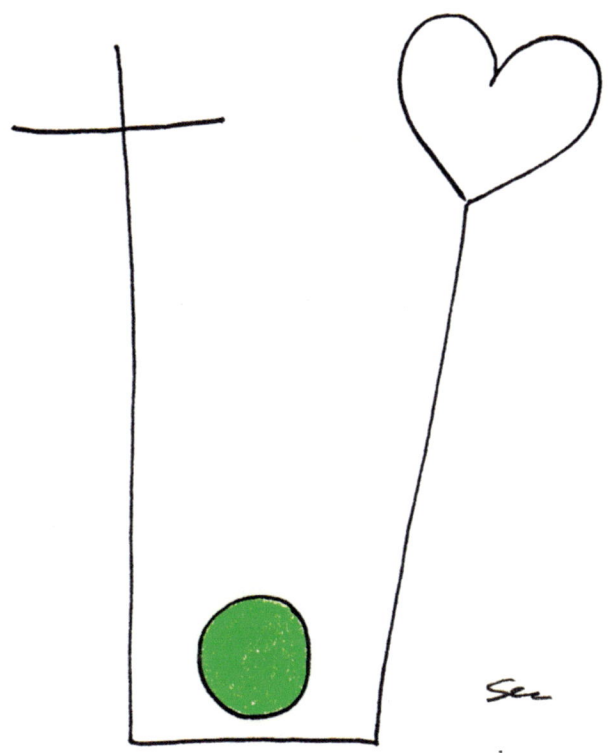

ES

krisen
geschüttelte
welt
geschichten
erzählend
geht
ES
uns
gut
haben
wir
die
augen
verschlossen
sind
türen
und
tore

ES

geht
uns
gut
wissen
wir
nicht
wohin
ES
uns
gut
geht

Er

Geheimnisvoll schaut er mich an
mit seinem runden hellen Gesicht
er freut sich dass ich bin
er leuchtet im Dunkeln
bleibt nicht stehen
geht immer weiter
und nimmt mich mit auf die Reise
Der Mond ist aufgegangen

Familie

Verknotetes
Wurzelwerk
verbirgt im
Dunkel des
Nichtangesprochenen
ans Licht
drängende Knospen
die vorwärts
blühen wollen

Fluchtworte

Weit hinauslehnend
aus dem Fenster
der gemachten Welt
auf dem Fluchtweg
Wort
hineindenken in die
Welt der Möglichkeiten
und eine neue
Heimat finden

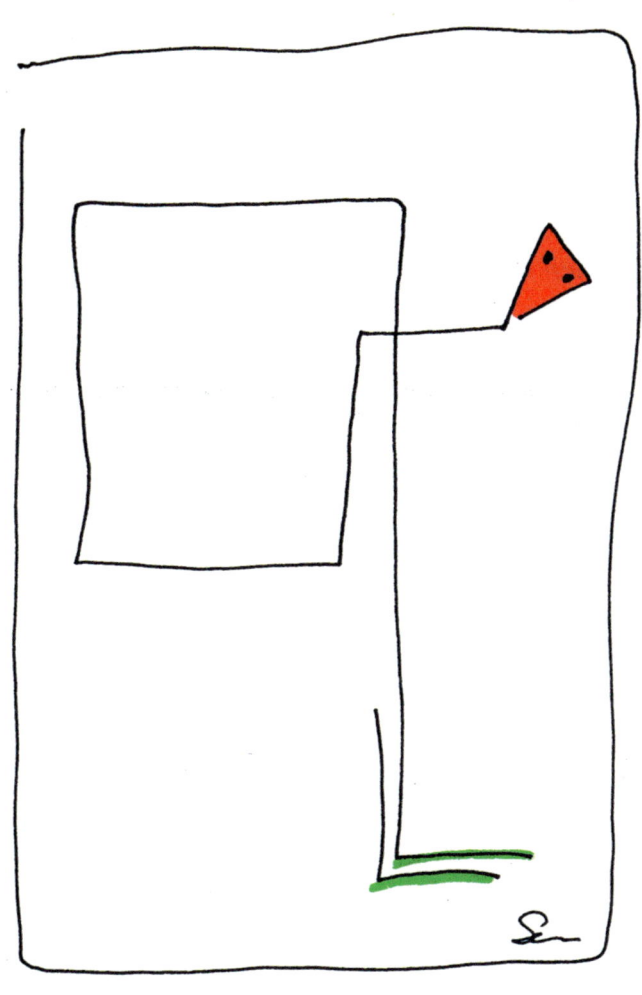

Frühling

Auf der Wiese
tanzen die Bäume
die Blumen heben
zu bunten Reigen an

Die Gedanken
überdenken Grenzen
hüpfen hin und her

Oh du wunderbare
Welt der Möglichkeiten
nimm mich in deine Arme
und lass möglich werden
was unmöglich scheint

Fürchte dich nicht

aber ich fürchte mich
manchmal vor dem Leben
manchmal vor dem Sterben

Immer wieder

Ich habe dich bei deinem Namen gerufen

ich habe den Ruf nicht gehört
es war zu laut um mich
es riefen zu viele

Immer wieder

Du bist mein

ich dein

Immer wieder

Geburtstagstorte

Gebacken aus
den Möglichkeiten
des Lebens
garniert mit
dem scheinbar
Unmöglichen
serviert auf
dem goldenen
Tablett
und gegessen
mit Genuss

Glück

War es
nur der
Traum
vom
Traum
war es
das Mögliche
oder war
es das
scheinbar
Mögliche
war es nur
was es
war
war es
wahr
verwandelte
sich
Sehnsucht
in Sein
oder war
es nur
Schein

hände

gedanken
verwandelnde
hände
pflegen
wort
und
tat
kräftig
entsteht
zeit

hängen geblieben

schnell
und oberflächlich
hängen geblieben
und die
leckerbissen
durch das
netz
fallen gelassen

Heimat

Teile der gemachten Welt
wegschicken
Gedanken aus dem Würgegriff
befreien
den neu entstandenen Raum
grenzenlos überdenken
und die Heimat neu
begründen

herbst

goldig
blatt für blatt
manchmal
vom nebel
eingehüllt
leuchtend
dem winter
ent
gegen
die
erde
ist
bereit
auch
für
uns

Heimweg

Rücken an Rücken
von Angesicht zu Angesicht
und mit dem Fuss
im falschen Schuh
begleiten sie mich
Meter um Meter
auf dem Heimweg
immer wieder
dem Ankommen
trotzend da
es noch zu früh ist

Hinter Gittern

Hinter Gittern
sehnen
sich gestutzte
Gedankenflügel
nach Höhenflügen
weg von der
gemachten Welt
hin zu der
werdenden

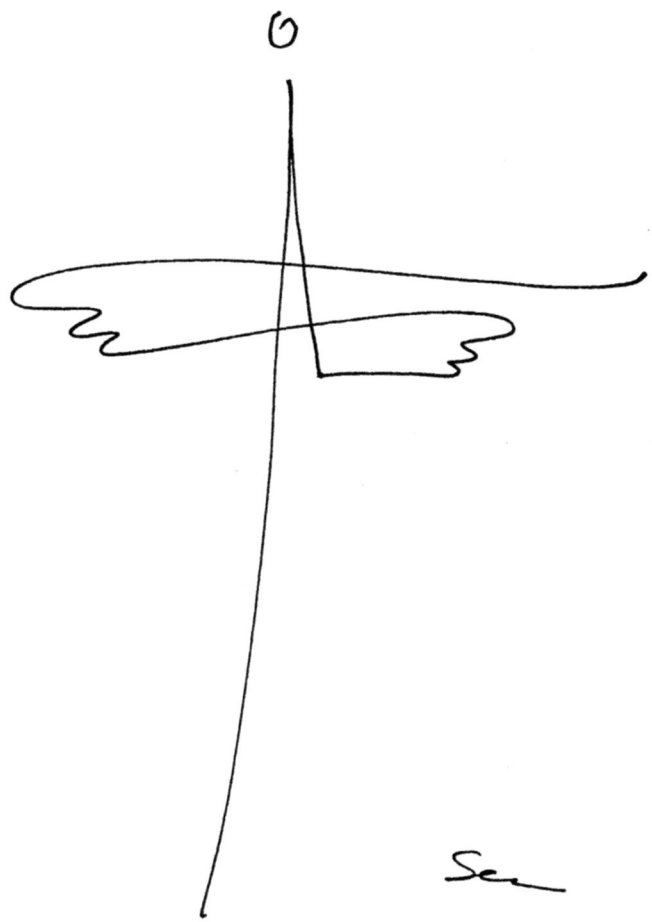

Hoch oben

Hoch oben
dort wo
Himmel und Erde
sich berühren,
dort wo
Berge
sich bewegen
und Felsen
herum spazieren
ist schon
mancher Stein
vom Herz
gefallen
und hat
bewegte Ringe
in den Bergsee
gezeichnet

Mancher Stein
des Anstosses
ist in der
Geröllhalde
zu Tale
gerollt
und steinige
Wege
verwandelten sich
zu Himmelsleitern

Ich liebe ihn

Ich liebe ihn
mit seinen
grünen Beinen
dem Aquarium
im Bauch
den blühenden
Blumen
auf der Brust
den verlängerbaren
Armen
dem verwandelbaren
Kopf
dem Vollmond
umspielten Haar
und dem Umkreis
der das leben
hereinnimmt

Ich bewundere

Ich bewundere
die Schnellläuferinnen
und die
Schnellläufer
ich beneide manchmal
die Müssiggängerinnen
und die
Müssiggänger
und ich schaue nachdenklich
den vielen
Mitläuferinnen
und Mitläufern
nach
die im
Gleichschritt durch
die Lande
ziehen

Im Kloster

Hinter geschlossenen
Türen
und schützenden
Mauern
weit hineingelehnt
in die sich öffnenden
Fenster
lässt die Stille
der Ruhe
Raum
und die eine
Wirklichkeit
verbindet sich mit
der andern

jonglieren

lass mich
in deine
hand sitzen
die weichen
stellen fühlen
jongliert werden
und die
vielfalt
des lebens
spüren

Karfreitag

Gedanken
längs und
quer
angenagelt
an das Holz
gekreuzigte Berührung
versinkt
in der Erde

Der Stein
wird hingerollt
tiefe Nacht

Ostern

Erwachte Berührung
durch die Erde
gegangene
Gedanken
längs und quer
nach oben und
nach unten
der Stein
ist weggerollt
wandelnde Berührung
und die
Hoffnung
zur Tat

keiner schwimmt aufwärts

die
gerechtigkeit
hat
sich
ab
gemeldet
hat
sich
keiner
den
das
stört
die
mächtigen
die
hungrigen
sind
still
fliesst
der
fluss
weiter
keiner
schwimmt
fluss
aufwärts

lasst mich

lasst
mich
in
ruhe
gelassen
will
ich
werden
denn
eure
reden
will
ich
nicht
hören

Liebe

Aufsteigende Urkraft
aus dem Wurzelwerk
genährt
blüht zur kugelrunden
Empfindung
die Geben und Nehmen
verbindet
im Moment

Liebeswarum

Das grosse
Liebeswarum
hofft dass
die zugedachten
Worte
wahr werden
und die
Blumen zu blühen
beginnen
und wird doch
immer wieder
von tausend Tränen
ersäuft

Morgen in Braunwald

Im hellen Morgenlicht
hüpfen taufrisch
leuchtende Sonnenkinder
von Blüten
zu Blättern
und erzählen
duftend die
Geschichte vom
neuen Tag

Morgenrot

Berggipfeltanz
zum
Morgengruss
wo
Engel
llchtdurchstrahlt
Himmel
und Erde
verbinden

mutterseelenallein

mutter
seelen
allein
wo
sind
sie
denn
die
mutter
seelen
sind
etwa
auch
sie
die mutter
seelen
allein

nicht dieses

wir
beten
und
hoffen
auf
dein
reich
werden
wollen
viele
haben
zu
wenig
braucht
es
damit
alle
genug
haben
doch
wenige
wollen
vieles
aber
nicht
dieses

offen

alles ist
offen
bar
tönen
stille und sein
grenzüberschreitend
durch
lässig
berühren sich
himmel und erde
und
augen
blicke
hinüber

ohne titel

angeknüpft
an die
geschichte
sucht
die geistes
gegenwart
leckt die
wunden
der
worte
verhindern
ihren platz

Ohne Tränen

Die Augen sind trocken
das Wasser
wird in den Stauseen
der Seele gesammelt

Wehe

wenn die Dämme brechen

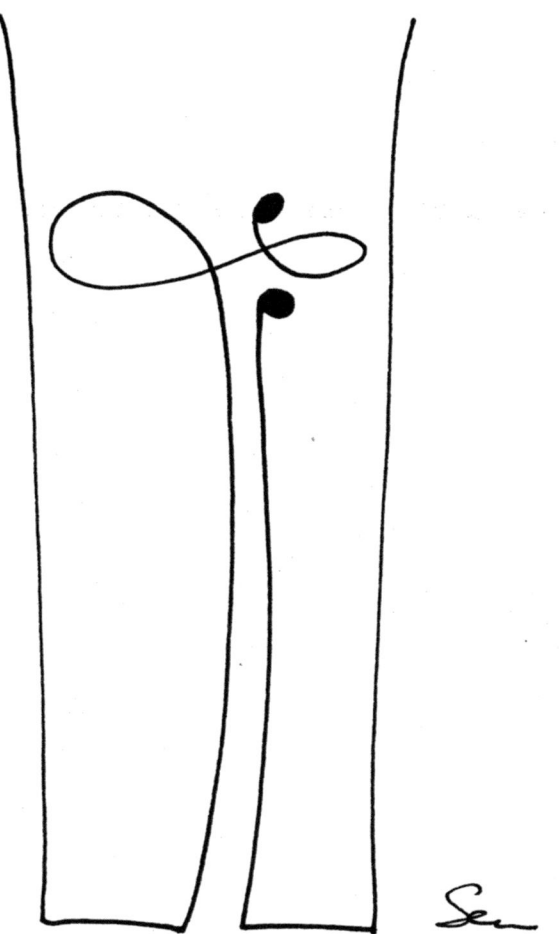

ostern 1

was wahr
war
und wahr
ist
fragen nach
oben und
unten
osterhasen
aktion
im supermarkt
die zwei
gestalten
sitzen
schweigend
vor dem
grab
der stein
ist weg
die schoggihasen
sind süss
der himmel
kommt auf
erden
ein stück
erde geht
in den
himmel
glaubst du
dass

haseneier
schwer zu
verdauen sind
die liebe
vergiss die
liebe nicht
nur die macht
es möglich
auferstanden
zum leben
hasen
das leben
vermehrend
hühnereier
weiche und harte
neu geborene
gedanken
immer wieder
gekreuzt
die hühner
die eier
die hasen
getötet
gegessen
verschwunden
verdaut
verwandelt
zu anderem
sein
habt ihr
ihn gesehen
er ist es

hier und dort
überall
glauben
an das leben
die süssen
schoggieier
zerbrochene
eierschalen
gelb und
blau
immer durch
schwarz hindurch
verwandelnde
stille
hörst du
die töne
das ei
singt

Ostern ll

Hereinspaziert
der Stein
ist weg
das Grab
ist leer
ein
Lichtstrahl
erhellt
den Raum
das Leben
begegnet
sich gehend
und kommend
sich kreuzend
in Licht
und Schatten
zur Mitte hin

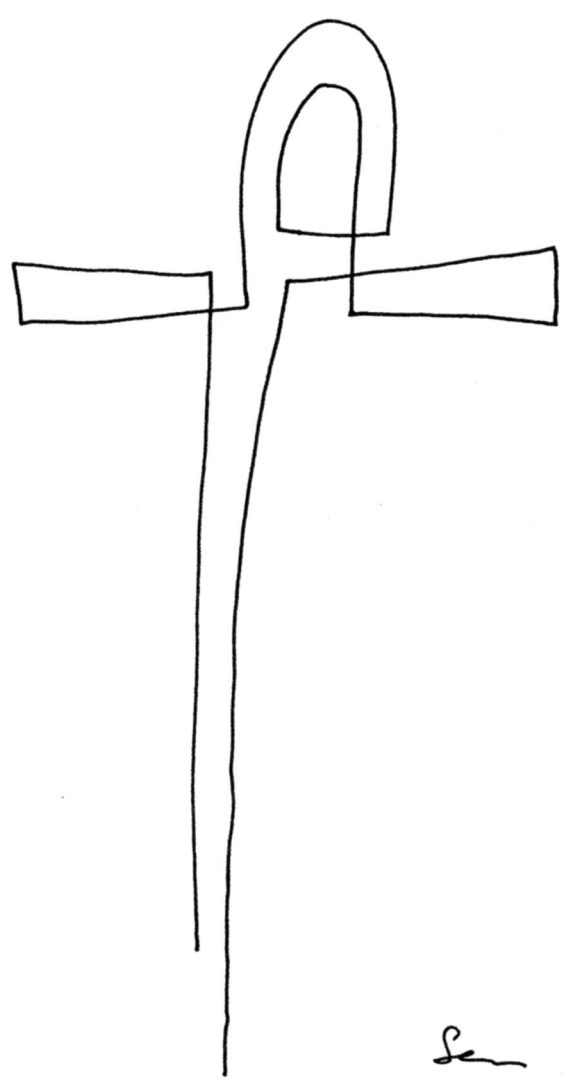

Ostern lll

Es war
jetzt ist
vieles
anders
die Höhle
ist leer
der Stein
des Anstosses
ist weg
und
die Zeit
kommt von
vorne
entgegen

Reben

So wie die Reben
sich lieblich an den
Hang schmiegen
so wünsch ich mir
das Leben mit dir
einmal Hang
einmal Rebe
und immer Mensch

schöpfungsgeschichte

die
täglich
weiter
geschöpfte
geschichte
ent
wickelt
sich
bis
die
spuhle
leer
ist
und
das
zentrum
nah

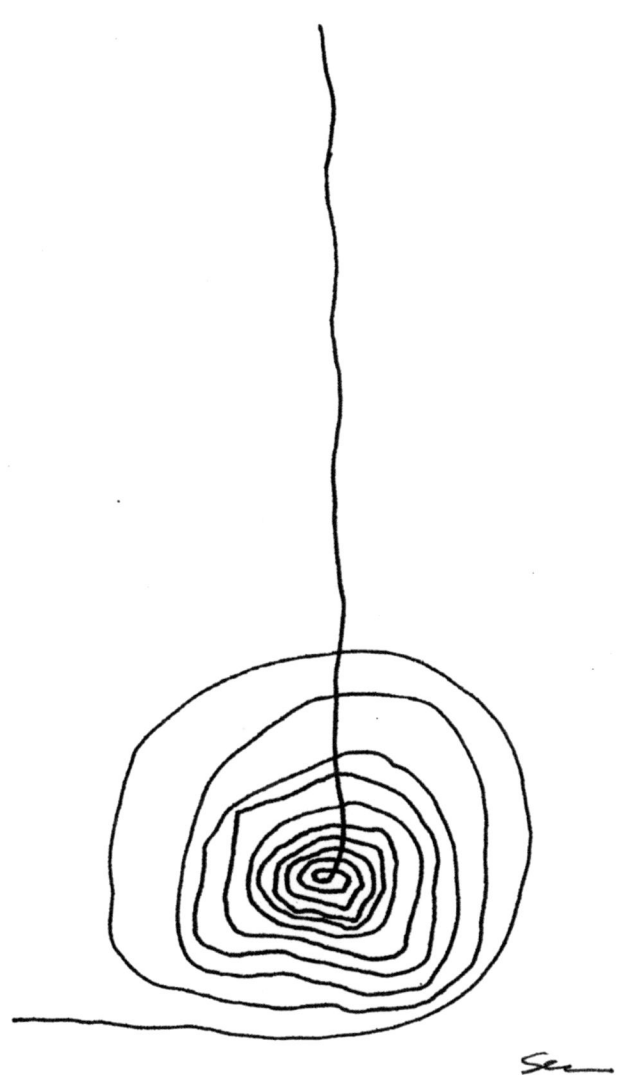

Schritt für Schritt

Gehend
verstehen
die Füsse
das Gedächtnis
und erinnern
nach oben
Schritt für Schritt

schnell

schnell
ohne
zu
atmen
schnell
geht
das
leben
heisst
atmen
ohne
zu
leben
wohin

sehnsucht

die sehnsucht
nicht nur
glücklich
zu sein
sondern
glücklich
ER
lässt
hoffen

seit 2000 jahren

seit 2000 jahren
halten wir uns
krampfhaft
am rockzipfel
der maria
fest
singen wir
scheinheilig und
floskelhaft
von gerechtigkeit
und frieden
der nicht wird
weil wir den
rockzipfel nicht
loslassen

Selbstgespräch

Ich lausche
meinem
Selbstgespräch
und höre
dich
sprechen
es ist
still

steine

steine
aus
dem
weg
denken
und
ins
rollen
bringen
was
bewegungslos
scheint

Und doch

Die Glut
hindert
die Freiheit
will
nicht
immer
Holz
nachschieben
und doch
die Liebe
immer wieder

und überhaupt

und über haupt
das über haupt
erst macht möglich
zu hoffen und
zu träumen
dort im über haupt
suchen wir uns
und dort werden
wir uns treffen
jetzt und dann

verachtet

verachtet
weil
sie
nicht
so
wie
so
ist
sie
anders

verliebt

über beide ohren
auf den
ersten blick
und überhaupt
die eigen art
ängstigt sich
befreit die ohren
will eigen arten
damit der
erste blick
dem zweiten
standhält

W ort

das w ort
ist der ort
wo menschen
sich finden
wenn sie w orten
was sie verbindet

Weihnachten l

Die Erde
öffnet sich
leise und hell
flockt der Schnee
dem Himmel
entgegen
die Gelehrten finden
ihren Weg
keine Familie ist
auf der Flucht
Weihnachten
vielleicht

Weihnachten ll

Die Herbergen sind voll
das Volk ist unterwegs
über dem Stall hat es einen Stern
und Platz für alle
der Himmel ist voller Sterne
und in jedem Mensch
wartet ein Stall

weihnachten lll

dieses jahr
will die
heilige familie
den geburtstag
ihres sohnes
anders feiern

nicht wieder
das kind in
die krippe
legen
sondern weiter
führen
was angefangen
geschehen lassen
was die engel
sangen
mit den hirten
weitersuchen
und verstehen
lernen
was geschah

weihnachten lV

einen
stern
vom
himmel
zur
erde
hoffen
dass
er
in
neuen
tönen
über
der
sehnsucht
leuchtet

weitersuchen

weitersuchen
nach dem ganzen
im hier
und so
das alltägliche
wieder ertragen
weitersuchen

WORT

zugestopfte
ohren
und
verklebte
augen
verschliessen
die
zeit
los
wartet
das
WORT
will
eintreten
in
den
kreis
lauf
nicht
davon

wortverwandelnd

wortverwandelnd
rollen
steine
des
anstosses
talwärts
und
ebnen
den
weg
der
möglichkeiten

Zeitgrenzen

Das Wesen steigt aus dem Baum
es begegnet
dem jüngsten Glied der Kette
Mensch hörst du die Pfeile
rückwärts und vorwärts fliegen
Wort an Wort gereiht
verwischt ihre Sprache
und in den Dazwischenräumen
jenseits vom Raum
am Anfang der Zeit
wartet das Wesen des Baumes

zusammengehalten

vergangene zukunft
und
zukünftige vergangenheit
lasst
mich
SEIN
nur
SEIN
im
IST
und
DU
bist
was
DU
bist
zusammen
gehalten
in
den
armen
der
zeit

Inhalt